ELISABETH DE LORRAINE

RÉGENTE DE NASSAU—SARREBRUCK

ET

LE BURGFRID DE NIEDERSTINZEL

Par M. Louis BENOIT.

NANCY,

IMPRIMERIE DE A. LEPAGE, GRANDE—RUE, 14.

1867.

ELISABETH DE LORRAINE

RÉGENTE DE NASSAU-SARREBRUCK

ET

LE BURGFRID DE NIEDERSTINZEL.

PAR M. LOUIS BENOIT.

NANCY

IMPRIMERIE DE A. LEPAGE, GRANDE-RUE, 14

1867

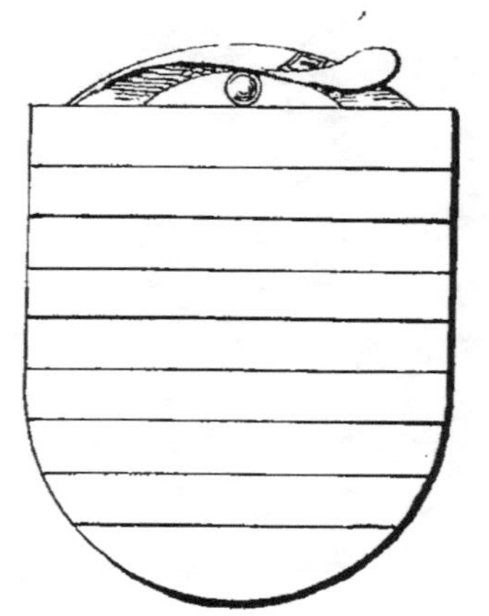

Jre Sel es Gott genedig sie
hie liget K die koch geborne

ARMES DE NASSAU-SARREBRUCK
ET DE LORRAINE.
(derrière la tête.)

I.ᵉ Benoit del.

ÉLISABETH DE LORRAINE,
RÉGENTE DE NASSAU-SARREBRUCK,
morte en 1455,
Enterrée à St Arnwald.

ARMES PROPRES.
(aux pieds.)

Lith. L. Christophe, Nancy.

ELISABETH DE LORRAINE

ET

LE BURGFRID DE NIEDERSTINZEL.

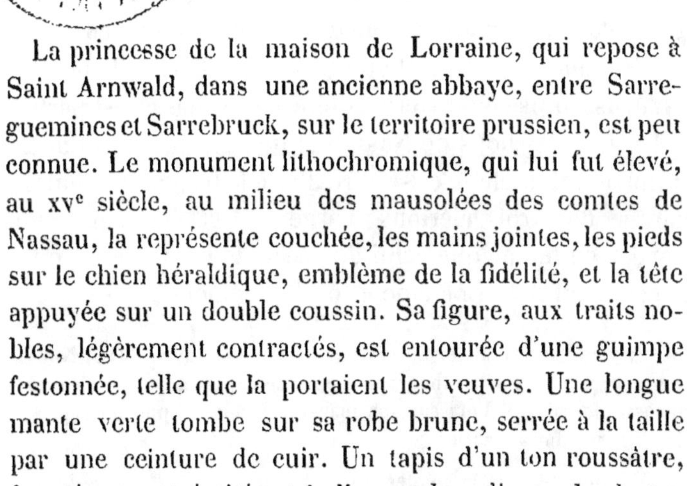

La princesse de la maison de Lorraine, qui repose à Saint Arnwald, dans une ancienne abbaye, entre Sarreguemines et Sarrebruck, sur le territoire prussien, est peu connue. Le monument lithochromique, qui lui fut élevé, au xvᵉ siècle, au milieu des mausolées des comtes de Nassau, la représente couchée, les mains jointes, les pieds sur le chien héraldique, emblème de la fidélité, et la tête appuyée sur un double coussin. Sa figure, aux traits nobles, légèrement contractés, est entourée d'une guimpe festonnée, telle que la portaient les veuves. Une longue mante verte tombe sur sa robe brune, serrée à la taille par une ceinture de cuir. Un tapis d'un ton roussâtre, frangé aux extrémités et indiquant les plis, cache la tablette du sarcophage, laissant à découvert sur la corniche l'inscription suivante, qui en suit le pourtour :

Hie. liget. die. Hochgeborne. Frawe. Elisabeth. von.
Lothringen.
Gräffine. zu. Nassau. und.
zu. Sarbrucken. die. Starbb. des. Iarres. MCCCCLV. uf.
Sant. Anthoni. Dag.
Ire. Sell. Gott. genedig. sye.

(Ci-gît très-noble dame Elisabeth de Lorraine, comtesse de Nassau-Sarrebruck, laquelle mourut en 1455, le
jour de Saint Antoine. Dieu ait son âme)[1].

Les mots de cette inscription en caractères gothiques
du xve siècle sont séparés par des fleurons, des rosaces,
des trèfles, des pots, des mascarons parfois assez bizarres.

La longueur du socle est de 1^{m}92, sa largeur de 0^{m}80
et la distance du sol, qui a été défoncé à la tête de la
statue, qui est de grandeur naturelle, de 1^{m}12.

Ce dé n'est pas riche : il n'a pour tout ornement, aux
quatre coins, que des colonnettes carrées et six écussons
sans légendes fixés à un bouton par une lanière bouclée.

L'écusson placé derrière la tête de la statue est parti,
au 1 coupé des lions de Nassau et de Sarrebruck, et au 2
de Lorraine simple, c'est-à-dire d'or à la bande de gueules
chargée des trois alérions d'argent. Cet écusson a un
quartier de moins que celui du sceau de la princesse, qui
est coupé au 2 de Lorraine et de Vaudémont[2].

---

1. Suivant l'ancien style. La vraie date est 17 janvier 1456. Nous
avons représenté, sur la lithographie qui accompagne cette notice, la
princesse lorraine debout sur son mausolée, afin de pouvoir repro-
duire l'inscription en entier.

2. Voy. le sceau de la comtesse de Nassau, dans l'*Histoire de la
ville et des seigneurs de Commercy*, par M. Dumont, t. I, ou-
vrage dans lequel on trouve des documents précieux sur les Nassau-
Sarrebruck.

L'écusson qui est devant la statue, dont les pieds sont tournés vers l'autel, est de Lorraine simple.

Des deux côtés, on trouve, suivant les règles héraldiques, les armoiries des ancêtres : à la droite de la statue, celles du grand-père, de Lorraine simple, et au-dessous, celles de la grand'mère, d'or à trois cornes de gueules, pour Wurtemberg, attendu que les ayeux paternels étaient Jean I de Lorraine et Sophie de Wurtemberg.

A gauche, l'écusson de Vaudémont, burrelé de 8 pièces d'argent et de sable, et au-dessous celui de Luxembourg, chargé d'un lion couronné : ce sont les armes des aïeux maternels : Henri V de Vaudémont et sa femme Marie de Luxembourg[1].

Quelque curieux que soit ce mausolée, d'un style un peu lourd, qui rappelle les monuments de la dernière période de l'art ogival allemand, nous n'aurions pas essayé d'en donner la description, si ce vestige des temps passés n'avait été destiné à la grand'tante du vainqueur de Charles-le-Téméraire, et si, encore aujourd'hui, il n'occupait la place d'honneur dans la nécropole de Saint-Arnwald, au milieu de tombes qu'ont respectées les révolutions.

Quant à la biographie de la princesse, nous en retrouvons les traits les plus saillants, non dans les écrits des historiens lorrains, parfois assez obscurs, mais dans ceux des historiographes de la maison de Nassau, Hagelgans[2] et Kœllner[3]. Aux renseignements fournis par ces

1. Les anciens documents ne donnent jamais à Elisabeth de Lorraine le titre de comtesse de Vaudémont.

2. *Nassauische Geschlechts Tafel*, in-fol., Francfort, 1753.

3. *Geschichte des vormaligen Nassau-Sarbrück'schen Landes*, in-8°, Sarrebrück, 1841.

deux savants écrivains, nous avons ajouté quelques documents inédits, puisés soit au Trésor des Chartes des Archives départementales de la Meurthe, soit dans l'inventaire des titres de la Maison de Lorraine, manuscrit par Dufourny, conservé à la Bibliothèque de Nancy. C'est ainsi que nous avons pu combattre l'opinion erronée de Mussey, de Dom Calmet, du P. Leslie et de quelques auteurs allemands[1], suivant lesquels la douairière du Nassau-Sarrebrück, que les uns appellent Isabelle, les autres Catherine, abandonnant la régence qui lui avait été confiée, aurait épousé en seconde noces Henri IV, comte de Blâmont.

Mais, avant de retracer l'histoire d'Elisabeth, il est nécessaire de faire connaître celle de son époux, et les liens de vassalité qui rattachaient à la Lorraine un des plus puissants seigneurs du Westrich.

---

1. Hübener, dans ses *Généalogies*, table 280 (en allemand), a supposé qu'Elisabeth s'était remariée ; ce qui a été une source d'erreurs pour la *Nassauischen Chronick*, p. 82, et pour Reinhard, *Ausfuhrung*, p. 340. Ainsi que le remarque Hagelgans, il y a aussi d'autres erreurs à relever dans les *Généalogies* : Marguerite de Loën fut la première femme de Philippe II (table 255) et la veuve de Jean II se remaria à Henri-le-vieux, comte de Stolberg en 1477 (table 371). Ces deux comtes de Nassau étaient fils d'Elisabeth de Lorraine. Ce fut le second qui eut en partage le comté de Sarrebrück.

Alliances d'Elisabeth de Lorraine, comtesse de Nassau-Sarrebruck.

Jean I, duc de Lorraine,   E. Sophie de Wurtemberg.

Charles II	*Isabelle*	*Ferry I*
duc de Lorraine		comte de Vaudémont
	E. 1° Enguerrand de Coucy	
† 1431	2° Etienne II de Bavière	† 1415
E. Marguerite de Bavière comtesse Palatine.		E. Marguerite de de Vaudémont.

Isabelle	*Antoine*	*Elisabeth*
		† 1456.
E. René d'Anjou Roi de Sicile	E. Marguerite de Harcourt	E. Philippe I comte de Nassau

Jean II	*Iolande*	*Ferry II*	*Jean II*
E. Marie de Bourbon	E. Ferry II de Vaudémont	E. Iolande d'Anjou	comte de Nassau-Sarrebruck † 1472

Nicolas	*René II*
duc de Lorraine	duc de Lorraine
† 1473	† 1506

I.

PHILIPPE I, COMTE DE NASSAU-SARREBRUCK.

L'ardeur belliqueuse de Charles II, duc de Lorraine, ne sut pas résister aux entraînements des partis et empêcha ce prince chevaleresque de garder une neutralité prudente au milieu des factions qui désolaient l'Allemagne et la France pendant le xv⁰ siècle.

En soutenant Jean-sans-Peur, l'allié du comte Palatin
Robert de Bavière, Charles II s'attira l'inimitié de Louis
d'Orléans, régent de France, dévoué à la cause de l'empereur Venceslas. En effet, après avoir suscité, en 1405,
la guerre dite des quatre seigneurs contre la république
messine, le vindicatif duc d'Orléans mit la Lorraine à deux
doigts de sa perte en armant les comtes de Saarewerden
et tous ces personnages auxquels l'histoire n'a pas conservé le titre de Hauts-Hommes que leur donnent fréquemment les chroniques lorraines et messines.

Parmi ces seigneurs coalisés contre le duc de Lorraine,
on remarquait Philippe I, comte de Nassau-Sarrebruck,
le futur époux d'Elisabeth.

Au confluent de la Meurthe et de la Moselle s'élevaient
alors trois châteaux, trinité féodale relevant de différents
dynastes : Condé, aujourd'hui Custines, à l'évêque de
Metz ; Frouard, au duc de Lorraine, et l'Avantgarde qui
domine Pompey, au duc de Bar. Ce dernier, trop faible
pour défendre seul ce poste avancé, en donna l'investiture
à Philippe I comte de Nassau. Mais le duc de Lorraine,
qui s'était allié à l'évêque de Metz, commença les hostilités en s'emparant de l'Avantgarde, dont il rasa les fortifications, et, quand l'armée confédérée vint l'attaquer à
Champigneules, sous les ordres du maréchal de Luxembourg, il la mit en déroute, au mois de juin ou de juillet
1407, après avoir fait un grand nombre de prisonniers.
Puis il ravagea, la terre de Commercy, l'évêché de Ver-
dun, les comtés de Salm, Sarrewerden et Sarrebruck[1].

Philippe I, dont on a fait deux personnages, en le dé-
signant tantôt sous le titre de comte de Nassau, tantôt

---

1. Les principaux incidents de cette guerre ont été reproduits par
les historiens lorrains.

sous celui de comte de Sarrebruck, ne fut pas au nombre des seigneurs captifs; mais il s'interposa pour opérer leur délivrance et se rendit caution de la rançon réclamée par le duc de Lorraine, dont il devait épouser la nièce[1]. Il donnait en commun, avec Jean de Salm et Gérard de Boulay, 6000 florins, que la ville de Metz leur devait depuis 1404, et, en 1411, il engageait sa part des seigneuries de Commercy, Morley, Bouconville, Pierrefort, l'Avantgarde, Heis, Lemey et Noveroy[2].

Ce prince, né en 1360, appartenait à l'ancienne branche de Weilbourg; il était fils de Jean I, comte de Nassau, mort en 1371, qui, par son mariage avec la comtesse Jeanne, devint seigneur de Sarrebruck. A la mort de son père, Philippe fut placé sous la tutelle de sa mère et de son aïeul maternel, Jean II de Sarrebruck.

Jean II étant mort en 1380, le nouveau tuteur, Frédéric de Blanckenheim, évêque de Strasbourg, fiança son pupille à la princesse Isabelle de Lorraine, fille du duc Jean I[3]. Mais le mariage projeté n'eut pas lieu, Isabelle ayant épousé en premières noces Enguerrand de Coucy (1386), et en secondes noces Etienne II, dit le jeune, duc de Bavière. Dom Calmet, qui cite ces particularités, d'u—

---

1. Le 26 juillet, 1408.

2. La terre de Haye, Limey et Norroy. (Voy. Kœllner, loc. cit., t. I, p. 180.)

3. Nous Frédérich évêque de Strasbourg, au nom de notre cher et bien aimé neveu Philippe, comte de Nassau-Sarrebruck... d'une part et Nous Jean duc de Lorraine et Marchis, au nom de notre chère et bien aimée fille Isabelle de Lorraine, d'autre part, Faisons savoir.... qu'il y a accord... relativement aux susdits Philippe et Isabelle, suivant les formes et conditions... En foi de quoi Nous évêque de Strasbourg, et Nous duc de Lorraine avons apposé nos sigilles appendus à cette lettre en l'an de N.-S. 1383, le vendredi avant le départ des douze messagers. Voy. Hagelgans, loc. cit.

près Dufourny, le P. Benoit Picart et la *Chronique de Metz*, nous apprend aussi qu'il fut question du mariage d'Isabelle avec Henri, comte de Bar et Charles VI, roi de France[1].

Ayant porté ses vues ailleurs, Philippe I épousa, en 1385, Anne de Hohenloh, qui hérita de sa mère Lysa, fille du comte de Hanau, de Kirchheim, de Stauf et des seigneuries du Gaw. Anne étant morte en 1410[2], Philippe se remaria, en 1412, avec le consentement de Charles II, duc de Lorraine, à la nièce de sa première fiancée, à la princesse Elisabeth, fille de Ferry de Rumigny, frère du duc de Lorraine.

Ce Ferry, tué à Azincourt en 1415, laissait de Marguerite, comtesse de Vaudémont et dame de Joinville, sept enfants, dont les noms sont assez inexactement rapportés par Dom Calmet : Antoine, le vainqueur de Bulgnéville en 1441 ; Ferry de Rumigny, Charles de Boves, Jean-Antoine de Florines, Elisabeth, comtesse de Nassau ; Marguerite, femme de Guillaume de Vienes, puis de Henri IV, comte de Blâmont ; et Jeanne, femme de Jean III de Salm[3].

Par une transaction signée le 8 mai 1412, Philippe I

1. Voy. t. II, p. 575 (édition de 1728).

2. Anno Domici MCCCCX.V. ydus octob. obiit. Dna Anna de Hohenlohe, comitissa de Nassaw et. Sarrebrücken. Inscription dans l'église de Kirchheim, d'après Hagelgans (loc. cit.)

3. Nous avons rectifié la généalogie, adoptée par Dom Calmet (Hist. t. I, clxxij) en ce qui concernait Elisabeth et Marguerite, princesses que les historiens ont confondues. Marguerite de Lorraine vivait encore en 1450, car elle figure en qualité de veuve du comte de Blâmont dans un cautionnement de Jean de Fénétrange. Voy. Dufourny, loc. cit. t. III, p. 115. Quant à Elisabeth, elle resta veuve du comte de Nassau.

s'engagea à restituer, dans le cas où il n'aurait pas d'hé-
ritiers d'Elisabeth de Lorraine, dix mille écus de bon or,
qu'il avait reçus en dot, et il constitua à sa fiancée,
pour domaine, le château de Roterbach, suivant Hagelgans, celui de Bucherbach dans le Koellerthal, suivant
Kœllner, plus la moitié des seigneuries de Sarrebruck
et de Commercy.

Après avoir fait les reversales de ses fiefs messins et de
ceux de la couronne de France, Philippe I parvint à
agrandir, tant par voie d'achat et d'échange que par la
force des armes, ses vastes possessions depuis le Rhingau
et Wiesbaden, jusqu'à Commercy, dont il était damoiseau.

En 1417, il recevait l'investiture du marquis du Pont
pour les seigneuries de Bouconville, Pierrefort et l'Avantgarde. En 1421, Henri de Fénétrange lui engageait la
moitié de la seigneurie de Diemeringen pour 4000 florins[1].
En 1427, Jean de Warnsberg lui vendait son héritage[2]. Il
acquit successivement une partie des fiefs de Puttelange,
près de Sarreguemines, et de Steinsel, près de Fénétrange[3].

En 1411, il s'était emparé du château de Hombourg,
dont, quelques années plus tard (1428), Ferry de Parroy,
bailli de Nancy, et sa femme, Adélaïde de Ville, lui ven-
daient une part. C'était une des plus importantes seigneuries du temporel de l'évêché de Metz, dont Raoul de
Coucy revendiquait la propriété aliénée par ses prédé-

---

1. Outre les fortifications extérieures, le château et la ville, Del-
lingen, Bütten, Wœllerdingen et Weyer. Voy. *Annuaire du Bas-
Rhin*, 1844.

2. Une part du village de Güldingen et du burg de Warsberg. Voy.
Kœllner, loc. cit., t. I, p. 190.

3. Ibid. p. 186.

cesseurs, et dont la possession fut constamment un sujet de litige[1].

Nommé par l'empereur Sigismond voué et protecteur de la paix en Vétéravie, en 1415, il renouvela, la même année, avec le duc de Lorraine, le comte Haman de Bitche et Louis de Lichtemberg, le sauf-conduit de la protection des routes entre la Moselle et Strasbourg[2]. En 1403, il avait signé, à Sarreguemines, un arrangement avec le duc de Lorraine pour mettre fin aux rivalités et aux abus de pouvoir de leurs baillis. Le roi Charles VI l'avait nommé son conseiller, et, l'année suivante, en 1406, le duc d'Orléans lui faisait une pension de 1000 livres tournois *ad dies vitœ*[3]. Enfin, pour retenir à leur service un prince renommé par son courage, les archevêques de Mayence et de Trèves s'étaient engagés à lui donner annuellement, chacun, une somme de 500 florins[4]. Appelé à combattre, en Allemagne, les Hussistes, qui avaient inspiré une fureur fanatique à leurs nombreux partisans, il ne put mettre à exécution ses projets, et tomba malade

1. Ces différents se terminaient plus souvent par la voie des armes que par des transactions amiables, telles que celle qui fut réglée, en 1388, dans l'hôtel de l'évêque de Vic, par les Hauts-Hommes, les comtes de Salm, de Sarrewerden, de Lutzelstein, de Créange, les Beyer de Boppart, etc. Voy. Dom Calmet, *Histoire*, t., II, p. 721.

2. En 1416 Philippe I s'alliait avec l'évêque de Strasbourg contre le duc de Lorraine et Eckbrecht de Durtheim, auquel il avait pris le château de Drachenfels sur les bords du Rhin.

3. Philippe I, qui se rendit souvent à la cour de France, n'accepta pas, comme Jean IV de Sarrebruck, la charge de Grand-Bouteiller (magnum Buticularium Franciæ).

4. Ces prélats lui donnèrent le titre de *Vice-dom* du Rhingau et l'empereur celui de *Prædicat Ihrer Majestat und des Reichs Furst* (Kœllner, loc. cit).

dans son château de Weilbourg. Il mourut le 2 juillet 1429, à l'âge de 61 ans, après un règne de 43 ans.

Sa veuve fit déposer son corps dans le couvent de Clarenthal, d'où il a été transporté dans l'église évangélique de Wiesbaden[1].

Philippe I eut cinq enfants :

1° Philippe, né en 1388, fiancé à Anne, comtesse de Schwartembourg, mort le 19 avril 1416.

2° Jeanne, mariée, en 1422, à Georges de Henneberg, veuve en 1465, morte en 1481[2].

D'Elisabeth de Lorraine :

3° Philippe II, né le 12 mars 1418, marié 1° à Marguerite, fille de Jean III de Loen, seigneur de Henneberg, et de Walburge, comtesse de Moers et Sarrewerden, morte en 1440, 2° à Véronique de Sayn, morte en 1500. Il fut enterré près de son père, en 1492. Ce fut le chef de la nouvelle branche de Weilbourg.

4° Jean II, né à Kirchheim le 4 avril 1423, marié, en 1451, à Jeanne de Loen, et en 1470 à Elisabeth de Wurtemberg. Il mourut en 1472, et repose près de sa mère, à Saint Arnwald. Ce fut le chef de la nouvelle branche de Sarrebruck[3].

5° Marguerite, née le 26 avril 1426, mariée, en 1441, à Gérard, seigneur de Rodenmachern, veuve en 1488, morte le 5 mai 1490, et ensevelie dans l'église des Carmé-

---

1. Anno Domini millesimo quadringentesimo vicesimo nono, ipso die visitationis beate Marie virginis gloriose, obiit Dominus Philippus Comes in Nassauwe et in Saraponte. Cujus anima, requiescat in sancta pace. Amen. Voy. Kœllner, loc. cit., t., p. 187.

2. Les terres du Gaw, échues à Jeanne, furent acquises par la régente, au nom de ses fils.

3. Quelques historiens l'appellent Jean III.

lites de Mayence, non loin de l'hôtel Gross-Herbold,
habité par son frère Philippe II.

Les comtés de Sarrebruck et de Nassau, domaines pa-
trimoniaux des descendants de la princesse lorraine,
eurent à subir des vicissitudes sans nombre, après lesquelles ils ont été annexés à la Prusse et appelés à de
nouvelles destinées.

II.

ELISABETH DE LORRAINE, RÉGENTE DE NASSAU-SARREBRUCK.

Elisabeth, douairière de Sarrebruck et de Commercy,
fut, en vertu du testament de Philippe I, régente du comté
et tutrice de ses fils. Elle prit en main l'administration de
ses Etats, qu'elle gouverna avec une grande sagesse; con-
formément au droit germanique, elle reçut l'investiture
féodale de l'empereur Sigismond pour les fiefs de Hombourg et de Kirchheim (1430); celle de Conrad Bayer de
Boppart, évêque de Metz, pour le comté de Sarrebruck,
la vouerie de Saint Avold et la châtellenie de Pierrefort
(1431).

Tout en soutenant les intérêts de ses vassaux, la régente ne négligea pas ceux d'Antoine de Vaudémont, qui
disputait au bon roi René l'héritage du dernier duc de
Lorraine. Les archives de Sarrebruck renferment une
volumineuse correspondance échangée entre le frère et la
sœur durant cette époque calamiteuse (1431-1444)[1].

Quand son fils aîné Philippe II eut atteint sa majorité,
en 1438, elle signa avec lui, ainsi qu'avec le cadet Jean II,
une convention par laquelle elle leur assura, dans le cas

1. Voy. Kœllner, loc. cit., t., p. 196.

où elle se remarierait, la part du comté de Sarrebruck
dont elle avait le douaire. Il fut convenu en outre que, si
elle restait veuve, elle pourrait non-seulement se fixer
dans le château de Sarrebruck, mais aussi résider ailleurs,
à Ottweiler, à Bucherbach, dans les villes du Gaw (à
Kirchheim), ainsi que dans le pays roman (*in Welschen
Landen*)[1]. C'est ainsi que l'on désignait cette partie de
la contrée où la langue allemande était étrangère et où se
trouvait Commercy.

La seigneurie de Commercy était alors partagée entre
les deux branches de la maison de Sarrebruck. Philippe I,
après avoir agrandi le territoire de la ville, avait relevé le
château-bas. En 1429, sa veuve en avait engagé deux
huitièmes au duc de Lorraine, son oncle, et à Antoine de
Vaudémont, son frère, auxquels elle avait été forcée d'em-
prunter dix mille florins du Rhin. Mais, en 1431, elle ré-
voqua ces engagements, vendit, en 1434, la moitié de Nor-
roy-devant-Metz, échangea quelques uns de ses sujets de
Lérouville, Faux-la-Grande et Saint-Aubin[2].

Jean II, qui était resté sous la tutelle de sa mère jusqu'en 1442, ayant alors partagé la succession de son père
et obtenu pour son lot, Sarrebruck, Commercy et Morley, résolut de se débarrasser du voisinage incommode
et compromettant du redoutable damoiseau de Commercy,
Robert de Sarrebruck, la terreur du pays. Il vendit, le
5 février 1444, à Louis, marquis du Pont, fils de René, le
château-bas de la seigneurie de Commercy, Vignot et
Pierrefort. Cette aliénation, faite avec l'autorisation d'Elisabeth de Lorraine et malgré l'opposition de l'évêque de

1. Voy. Kœllner, loc. cit., t., p. 196.

2. Voy. Dumont, loc. cit., t. I., p. 177.

Metz, forma un apanage de la maison de Lorraine, désigné sous le nom de *part de Sarrebruche*[1].

Elisabeth avait résigné en faveur de Jean II ses fiefs lorrains et s'en était réservé d'autres. Elle ne résida pas toujours dans ses terres d'Allemagne et dans son château de Sarrebruck; car elle vint fréquemment en Lorraine, et, en 1437, elle assista, avec son frère, aux fameuses fêtes données à Metz[2].

Un des premiers actes de l'administration de la régente avait été, le 29 août 1429, de faire une fondation consacrée à la mémoire de son époux, enterré à Weilbourg. Dans ce but, elle avait donné 50 florins du Rhin au doyen et au chapitre de Saint Arnwald[3]. Quelque temps avant de mourir, elle légua 200 florins sur les dîmes et revenus des ban et justice de Saint-Jean-Sarrebruck, pour faire chanter chaque semaine une messe avec vigile aux quatre temps, sur le maître-autel de Saint Arnwald[4]. Le 17 janvier 1456, cette pieuse princesse descendit dans la tombe, et fut enterrée au milieu du chœur de l'antique abbaye, où, la première des Nassau-Sarrebruck, elle avait choisi sa sépulture, et, où sa statue, qui surmonte le mausolée que que nous avons dessiné, semble encore entendre les anciens chants liturgiques, interrompus par la réforme du xvie siècle.

---

1. Jean II céda aussi Morley, Bouconville, Norroy Lavantgarde et Leveneur, fiefs barrisiens.

2. Voy. Huguenin, *Chroniques*, p. 201.

3. Nous avons vu plus haut que le tombeau de Philippe de Nassau-Sarrebruck avait été transporté à Wiesbaden.

4. Voy. Kœllner, loc. cit., t. I, p. 194 et 199.

III.

LE BURGFRID DE 1436.

Elisabeth vivait à une époque où la féodalité, minée de toutes parts, ne se croyait plus invincible dans ses châteaux forts. Les seigneurs médiats et immédiats de l'Empire, en butte à des attaques incessantes, abandonnés souvent par les troupes de gens de guerre, qui ne leur devaient qu'un service limité, se coalisèrent entre eux et apposèrent leurs sigilles au bas de ces nombreux traités, désignés par les écrivains français sous le nom de pactes d'alliance, et par les allemands sous celui de paix castrales ou *burgfrids*, suivant l'ancienne orthographe[1].

M. Prost, dans une savante monographie[2], a étudié sous un jour nouveau ces traités, destinés à régler le mode d'occupation d'une forteresse, partagée, ainsi qu'on en rencontre de fréquents exemples, entre plusieurs détenteurs simultanés, à des titres divers et dans des proportions différentes. En effet, souvent on ne pouvait se procurer d'argent qu'en livrant au prêteur des domaines productifs, qui constituaient à la fois le gage et la rémunération ; ce qui occasionnait, au moyen âge, dans la propriété, un morcellement aussi considérable que celui qui se produit de nos jours.

Dans ces fiefs des bords de la Sarre, restés inféodés aux évêques de Metz, ou devenus terres d'Empire, on ne con-

---

1. Nous avons déjà eu occasion de signaler l'importance des *burgfrids* dans un Mémoire inséré dans le *Journal de la Société d'Archéologie Lorraine*, 1861.

2. *Albestroff, siége d'une Châtellenie de l'évêché de Metz.*

naissait ni masculinité, ni droit d'aînesse ; les domaines restaient indivis et constituaient un gage commun[1].

Quelquefois l'imminence du danger faisait taire l'inimitié de la veille et ralliait, au bas d'un burgfrid, les noms des seigneurs comparsonniers, c'est-à-dire en faveur desquels des portions avaient été aliénées, soit d'une manière définitive, soit simplement à titre d'engagement, et enfin tous les co-propriétaires à un titre quelconque.

Les conventions qui régissaient ces sortes de traités plaçaient sous une sauvegarde commune le *burg* et ses dépendances, les indigènes et les étrangers, assuraient l'exercice de la justice par des officiers judiciaires, assermentés en commun, et règlaient le mode d'occupation, les frais de réparation et d'entretien du *burg*, la levée des impositions et amendes.

Nous voyons, à la fin du xive siècle, que le prince qui voulait profiter de ces avantages devait une cotisation de 40 florins, le seigneur 20, le chevalier ou écuyer 10[2].

C'est à un arrangement de cette nature que vint présider Elisabeth de Lorraine, la régente de Nassau, dont les états étaient menacés par les bandes des grandes compagnies, connues sous les noms d'Anglais, d'Armagnacs et d'Ecorcheurs.

Les courses de ces aventuriers jetaient le trouble et l'effroi dans la Lorraine, privée de son chef et divisée par les rivalités des maisons de Vaudémont et d'Anjou.

---

1. Nous avons vu que les terres du Gaw restèrent indivises depuis 1419 jusqu'en 1442. La baronnie de Fénétrange le fut jusqu'à sa réunion à la Lorraine. Ces exemples très-fréquents, se rencontrent à chaque page de l'histoire des seigneurs du Westrich.

2. Voy. Dufourny, manuscrit de la bibliothèque de Nancy, t. IX, p. 755. Burgfrid de 1397.

Un burgfrid fut passé, en 1436, entre

Jean, comte de Nassau-Sarrebruck ;

Jean d'Ochsenstein, prévôt ;

Hans, seigneur de Géroldseck ;

Jorich, seigneur d'Ochsenstein ;

Ulrich de Rathsamhausen zum Stein,

Hans de Wangen,

tous seigneurs comparsonniers de Steinsel, représentant la branche de Géroldseck, d'une part, et

Jean, seigneur de Fénétrange et Falkenstein ;

Burckard et Simon de Fénétrange,

Bernard, comte d'Eberstein ;

Dietrich Beyer de Boppart, seigneur de Castel et Mennenss (Maignières), tous seignenrs comparsonniers de Steinsel, représentant la branche de Fénétrange, d'autre part[1].

Cette ligue offensive et défensive, qui était d'une grande importance pour rapprocher les seigneurs du Westrich et de l'Alsace, montre d'une manière positive que la douairière du Nassau-Sarrebruck, loin de contracter de nouveaux liens et d'épouser un comte de Blâmont, comme on l'a prétendu à tort, n'était occupée que de l'administration de ses états. En effet, pour aplanir des difficultés inévitables, Elisabeth, qui possédait un douzième dans le château de Steinsel, et dont le fils figurait en tête du traité, s'était entendue avec un des principaux signataires du burgfrid, lequel lui répondit par une missive autographe,

____

1. Voy. layette Fénétrange I, n° 96, en allemand, sur papier. Le *burg-frid uber burg und Schloss Steinsell* fut renouvelé en 1437 (le vendredi de sainte Catherine), sur trois feuilles de papier vergé reliées les unes aux autres par du fil bleu, et inscrit, comme le titre précédent, sous le n° 96. La marque du papier est une balance.

au dos de laquelle on lit l'adresse suivante, dont nous donnons la traduction :

« A très-noble dame Elisabeth de Lorraine, comtesse de Nassau—Sarrebruck, Bernard d'Eberstein et autres seigneurs comparsonniers du château de Stenssel, mes cousins et tante[1]. »

Voici cette missive, écrite en allemand et déposée au Trésor des Chartes de Nancy :

« Très-nobles cousins et tante,

» Vous savez avec quelle ardeur je me fais un devoir d'aller au devant de vos désirs. Vous aviez fixé au mardi qui a précédé cette lettre le jour de la réunion des seigneurs comparsonniers pour conclure, régler et signer le burgfrid du château de Stenssel. Veuillez m'excuser de ne pas m'être rendu à votre appel et de ne pas m'être fait représenter par un mandataire, quoique vous m'assuriez de vos bonnes dispositions à mon égard et de votre

---

1. Voy. layette Fénétrange 1, n° 101. Den Edeln Wolgeboren Fraw Elizabeth von Lothringen grevin witwe zu Nassowe und zu Sarburg (sic) und Bernhart greve zu Eberstein und den andern gemeindern des Schlosses Stenssel mine lieber neuen und mumen. Cette missive sur papier, datée et signée, mais non revêtue de sigille et sans indication de lieu, est écrite en allemand. Elle est assez difficile à déchiffrer, non à cause des abréviations et de l'absence de ponctuation, mais par l'emploi de termes surannés. Les lettres à hastes et à queues y prennent des développements exagérés et forment des ondulations, dont on retrouve les caractères dans l'écriture allongée des premières lignes des diplômes royaux. Le dernier jambage des w, des m et des n se prolonge au-dessous de la ligne. L'E majuscule initial, sans être surchargé d'ornements superflus, s'éloigne complètement, par son aspect anguleux, de la forme usitée. Le millésime 1010 (m x) représente *et cætera*. La première lettre du mot Stenssel est tantôt majuscule, tantôt minuscule. Enfin, une abréviation figurant une diphtongue, termine le mot Reminiscere (*introït* et nom du 2e dimanche de carême).

intention d'attendre mes instructions pour que ce burgfrid soit conclu, que le château ne souffre aucun dom-
mage, mais que tout y soit en bon ordre et en sûreté.
Très-nobles cousins et tante, d'après votre lettre en date
du dimanche de Reminiscere, vous avez bien voulu fixer
un autre jour pour une nouvelle réunion au château de
Stenssel : j'ai l'honneur de vous informer que j'ai donné
en fief au vaillant Guillaume de Falckenstein (den vesten
Wilhelm von Valckenstein) et à Hermann Tœppelstein la
part du château de Stenssel, dont j'ai hérité de ma chère
mère, de pieuse mémoire[1]. Tous deux m'ayant rendu
l'hommage-lige par le serment de la main, ainsi qu'il
convient vis-à-vis du seigneur féodal, je me trouve, par
conséquent, déchargé de toute responsabilité en ce qui
concerne le château de Stenssel, et je vous prie d'écrire à
Guillaume de Falkenstein et à Hermann Tœppelstein pour
leur donner les instructions au sujet de la part dans le
château de Stenssel que je leur ai concédée et pour laquelle ils sont devenus mes hommes-liges. Veuillez croire
qu'ils agiront en toute cette affaire suivant les inspirations
de leur sagesse bien connue et éprouvée. Donné le sa-
medi avant Reminiscere, l'an du Seigneur 1457.

» Signé : Jean, seigneur d'Ochsenstein, prévôt du chapitre. »

(lohanss here zum Ochssenstein, thumproste).

Le château mentionné dans cette lettre s'élève à un
quart de lieue du village de Niederstinzel[2], au milieu des

---

1. Cunégonde de Hohen Geroldseck, mariée à Rodolphe d'Ochsenstein en 1370. Voy. Herzog, *Chronique*, l. v, p. 54.

2. L'étymologie est Steinsel (petite pierre) Nieder (d'en bas), nom
que prit Niederstinzel par opposition à Oberstinzel, village en amont
de la Sarre, d'origine plus récente. Nous avons donné la description

prairies qu'arrose la Sarre, sur la rive droite, près de la limite du département du Bas-Rhin. Il forme un donjon carré, flanqué d'une tour et protégé par un triple fossé assez bien conservé. Les ruines du château de Steinsel ou de *Géroldseck am Saar*, qu'il ne faut pas confondre avec celles dont parle Dom Calmet, situées au-dessus de Saverne, à côté du Hoh-Barr, donnent un aspect assez pittoresque à cette partie de la vallée.

La chronique de ce petit castel, qui n'a pas même de légende, est ignorée par les gens du pays. Suivant eux, on trouverait, derrière des massifs de saules, à quelque distance, l'emplacement des bâtiments destinés aux colons et aux gens de service, qui n'auraient pu résider dans l'intérieur du château.

IV.

LES SEIGNEURS DE STEINSEL.

A quelle époque le château de Steinsel, dont les fils d'Elisabeth, Philippe II et Jean II, auraient possédé chacun un vingt-quatrième, passa-t-il dans la maison de Géroldseck et se trouva-t-il ainsi morcelé ?

Si l'on en croit Herzog, Jean, seigneur de Géroldseck-am-Wasichin ou des Vosges, possédait, en 1376, outre son château situé près de Saverne, des villages dans la plaine : Eckertzweiller, Altenheim et Steinsel, qui alors prit le nom de Géroldseck[1].

Mais, quoique ses domaines fussent réputés fiefs mas-

du château dans le *Répertoire archéologique de l'arrondissement de Sarrebourg,* inséré dans les *Mémoires de la Société d'Archéologie,* 1861.

1. Voy. Herzog, *Chronique,* l. v, p. 110.

culins, par les évêques de Metz, ils étaient tombés en
quenouille et avaient été partagés, non-seulement entre
les Géroldseck, mais aussi entre leurs alliés par les
femmes[1]. Ainsi, la partie la plus considérable appartenait,
au xve siècle, à la famille d'Ochsenstein, dont le donjon
s'élève sur le Haberacker, entre Dabo et Saverne, dans
la montagne boisée des Vosges, si riche en vieux châteaux.

Suivant Schœpfflin, Frédéric de Géroldseck am Wasichin, qui avait épousé Walburge de Lutzelstein, eut trois
enfants : Adélaïde, Cunégonde et Volmar. Ce dernier,
désespérant d'avoir une lignée, convint, en l'an 1381, avec
l'évêque de Metz, que tous les fiefs masculins qu'il tenait
de cette église feraient retour par moitié au seigneur di-
rect, sauf une moitié, qui reviendrait à sa mère et à ses
sœurs, Adélaïde, mariée à Erhard, seigneur de Wangen,
et Cunégonde, mariée à Rodolphe d'Ochsenstein[2]. C'est
ce qui explique comment Hans de Wangen, qui avait
épousé Claudine Zorn de Boulach, et qui était fils d'Erhard, fut appelé à signer le burgfrid de Niederstinzel[3].

En 1419, Hans fit un traité avec ses cousins, Jean
d'Ochstenstein, prévôt, et Volmar, chanoine du grand chapitre de la cathédrale de Strasbourg, les fils de Rodolphe

---

1. Les Géroldseck, sur lesquels les historiens alsaciens, Herzog et
Schœpfflin, ne sont pas d'accord, étaient divisés en plusieurs branches
souvent confondues. Les principales étaient celles des Hogeroldseck,
dans l'Orteneau, au delà du Rhin, et celles des Geroldseck am Wasichin ou des Vosges, voués de Marmoutier. Ceux-ci possédaient deux
châteaux de Geroldseck, le grand et le petit, plus celui de Geroldseck
am Saar. C'est ce dernier qui est situé près de Niederstinzel.

2. Voy. Ravenez, Alsace illustrée, t. IV, p. 482, ibid. t. V, p. 630.

3. Voy. Herzog, Chronique, l. V. p. 286. En 1413, l'empereur
Sigismond l'autorisa à écarteler ses armes de Gérolseck, dont la lignée directe était éteinte, dit notre chroniqueur.

d'Ochsenstein et de Cunégonde de Hohen Géroldseck, d'après lequel ils partagèrent les biens provenant de leur mère, les burgs de Steinsel et leur part dans les villages de Volcklingen, Weyer et Hermingen[1].

Jean d'Ochsenstein, qu'il ne faut pas confondre avec son oncle, aussi prévôt du grand chapitre, et tué à Sempach en 1386, avait pris une part active à la ligue de Hugelman de Fénétrange contre l'évêque Guillaume de Diest, et fut choisi, en 1439, par les capitulaires d'origine alsacienne, pour occuper le siége épiscopal de Strasbourg. Leurs efforts ne furent pas couronnés de succès.

Ce fut lui qui s'adressa, en 1437, ainsi que nous l'avons vu, à la princesse Elisabeth de Lorraine, pour se faire remplacer par Guillaume de Falckenstein, voué d'Ortenberg[2], et par le gendre de celui-ci, Hermann Doppelstein[3].

Plus tard, en 1454, le prévôt du grand chapitre fut obligé de signer le traité désastreux par lequel son neveu, Georges d'Ochsenstein, prisonnier dans la terrible guerre de Schœffried de Linange, abandonna aux seigneurs de Lutzelstein et à Jean de Fénétrange la part de la seigneurie de Géroldseck dont il avait hérité du chef de sa mère Adélaïde[4].

Volmar d'Ochsenstein, le fils de Rodolphe, s'étant marié à Adélaïde de Géroldseck am Wasichin, avait laissé une nombreuse lignée : Georges, dont il vient d'être

1. Ibid. l. v, p. 58.

2. Voy. Ravenez (loc. cit., t. V, page 463.)

3 Voy. Herzog, loc. cit., l. v, p. 153. Ce nom de l'ancienne noblesse d'Alsace dont l'orthographe varie, n'est pas précédé de la particule.

4. Ibid. l. v, p. 59.

question, et plusieurs filles, qui se firent religieuses ou portèrent dans la famille de leurs maris leurs droits sur Niederstinsel ; Clara, mariée à Ulrich de Ratsamhausen zum stein, conseiller de l'électeur palatin Louis, et Anna, mariée à Henri Beyer de Boppart[1].

Pour nous rendre bien compte des morcellements incroyables qui divisèrent un château de si peu d'importance, nous citerons la version de Schœpfflin, d'après laquelle Jean de Géroldseck, qui, dit-il, portait le surnom de son château de la Sarre, étant mort sans enfants, en 1364, laissa ce château avec toutes ses dépendances et une partie de la seigneurie de Géroldseck aux sires de Blanckenheim et de Rappolstein. Cinq ans auparavant, Olry de Fénétrange avait acquis un autre quart de cette seigneurie, délaissée par Jean II, petit-fils de Walram II, sans doute un des Géroldseck dont il a été question plus haut[2].

En effet, suivant l'auteur que nous venons de citer, Jean de Géroldseck, fils de Gebhard (Gobert), étant mort en 1359, l'évêque de Metz, négligeant les droits des Géroldseck qui survivaient encore, donna le quart de la Marche de Marmoutier (dans laquelle se confondait alors le domaine des Géroldseck) à Olry de Fénétrange. Théobald de Blanckenheim reçut la part de Jean, fils de Hugo, et le reste passa, en 1364, aux trois frères de Rappolstein, pour revenir plus tard, en partie, à Volmar de Gérodseck[3].

1. Les chroniques de Herzog nous fournissent quelques renseignements sur ces puissantes familles, l. v, p. 54, 58, 59 et 271.

2. Voy. Ravenez, loc. cit., t. V, p. 630.

3. Ibid. t. IV, p. 482. — Outre Jean de Géroldseck, qui signa le burgfrid de 1436, il y avait aussi, en 1437, Jacques, comte de Lutzelstein, seigneur de Géroldseck am Wasichin, qui assigna à Walburge de Blankenheim, sa femme, un douaire de 50 florins de rente sur le péage d'Einartzhausen (Phalsbourg). Voy. layette Fénétrange II, n° 32.

Il paraît que ces arrangements ne furent pas du goût de Volmar, qui, ayant cherché à s'y opposer, fut attaqué par les gens de l'évêque de Metz et du duc de Bar, lesquels saccagèrent son château des bords de la Sarre, que Dufourny appelle d'Estouzelle et Distenzelle. Il finit par consentir à une transaction, qui eut lieu en 1387[1].

Quant à Olry de Fénétrange, un des principaux soldoyeurs de la cité messine, il laissa, par son testament de 1382, à son neveu Jean, fils de Burckard, une partie de ses domaines et tout ce qui lui était advenu du chef de Jean de Géroldseck[2].

Le frère d'Olry, Burckard, avait acheté, en 1365, une partie du château d'Estheinzelle de Jean de Veshenbourg et d'Eberlin d'Andelache (?) moyennant 1800 florins[3].

A la fin du XIVe siècle, nous rencontrons une série interminable de burgfrids, parmi lesquels nous remarquons celui de 1397, entre Henri et Regina de Rappolstein, sa sœur, dame de Géroldseck ; Rodolphe d'Ochsenstein et sa femme, Cunégonde de Géroldseck ; Rodolphe d'Hohenstein, Berthold Munch de Wilsberg, et Egenolphe de Lutzelbourg, prévôt du chapitre de Saverne, formant quatre familles liguées pour la défense des châteaux qu'elles possédaient en commun dans la vieille et la nouvelle seigneurie de Géroldseck[4].

1. Voy. Dufourny, loc. cit., t. II, p. 299.

2. Ibid. t. VI, p. 213-216 (Trésor des chartes, Fénétrange, 26, 61.)

3. Voy. Dufourny, VI, 115.

4. Voy. Dufourny, loc. cit,. t. IX, p. 755. (layettes cotées Marmoutier et Géroldseck, n° 1). — Au lieu de Volmar, Walburge de Lutzelstein, sœur de Henri III, dame de Géroldseck, avait signé un pareil traité avec les mêmes seigneurs, en 1394, suivant Herzog, l. V, p. 101.

En 1391, Jean de Fénétrange avait signé un burgfrid avec Haneman, comte de Deux-Ponts-Bitche, au sujet de Fénétrange et Steinsel[1]. Ce dernier seigneur étant mort en 1425, sa veuve, Marguerite de Fénétrange, partagea avec Simon de Fénétrange la succession de sa mère Blanchefleur de Falckenstein, qui possédait une partie de Steinsel, château, village, terres, gens et forêts, qu'elle abandonna à son neveu[2].

Un de ses petits-fils, Burckard, céda, à son tour, à son frère Simon ce qu'il possédait à Steinsel, et délia ses hommes d'armes du serment de fidélité en 1445[3].

Tous deux avaient signé le burgfrid de 1436 avec Jean de Fénétrange, seigneur de Falckenstein, leur père, de la branche de Brackenkopf.

En 1473, les derniers descendants mâles de la lignée des Fénétrange, Arnould et Jacques, firent un partage d'après lequel les fiefs de Falckenstein et Betting échurent au second, Fénétrange et Steinsel au premier[4], qui en fit

---

1. Ibid. t. VI, p. 198. Ibid. t. X, 2e part. p. 215.

2. Voy. layette Fénétrange I, n° 86. Dans ce partage furent aussi compris une part d'Einsmingen (Insming), Büderstroff, Gosselmingen, Müterchingen, les étangs de Fryburg et Langatt, Cappeln, Ottwiller, Altheim, Wibre, etc. L'évêque de Strasbourg, Jean comte de Salm, Jean comte de Moers et de Sarrewerden y apposèrent leurs sigilles. — Ajoutons que Blanchefleur, veuve de Burckard de Fénétrange, fit, en 1372, reprise des fiefs que les sieurs de Géroldseck avaient coutume de tenir du duché de Lorraine, à Insming, Assenoncourt, Bisping, etc. Voy. M. Lepage, *Communes de la Meurthe*, t. I, p. 48.

3. Voy. layette Fénétrange III, n°s 16 et 17. A la suite de cet accommodement, Simon acquit les fiefs de Fénétrange, Faulquemont et Steinsel. En 1448, il acheva de retirer les villages de Steinsel et de Romelfing, qu'il avait engagés à Burckard.

4. Voy. layette Fénétrange III, n° 30.

ses reprises féodales, en 1478, au duc René II, vainqueur de Charles-le-Téméraire[1].

Quant à Bernard, comte d'Eberstein, unterlandvogt ou sous-voué de la décapole alsatique, de 1412 à 1420[2], il était beau-frère de Jean de Fénétrange et avait, en cette qualité, des droits sur le fief de Niederstinzel.

On n'a pas oublié que le rachat des seigneurs prisonniers à la bataille de Champigneules, avait nécessité de longues négociations, dans lesquelles était intervenu le comte de Nassau-Sarrebruck, qui, pour opérer leur délivrance, s'était rendu caution de Ludeman de Lichtemberg, de Frédéric de Deux-Ponts-Bitche et de Frédéric, comte de Moers et Sarrewerden. C'est pourquoi ce dernier avait engagé la moitié de Sarrewerden, Bockenheim et Saint-Laurentien (Lorentz) au comte de Nassau-Sarrebruck[3].

Il en était résulté que Philippe I se trouvait posséder une partie du fief de Steinsel, dépendant du comté de Sarrewerden, et qu'il signait, en 1422, un burgfrid[4] relatif à ce petit castel, que sa veuve ne voulut pas conserver. C'est ce que nous apprend le document suivant, emprunté à Dufourny : Transport et don fait, en 1437, par Elisabeth de Lorraine, veuve de Nassau, pour elle et ses fils Philippe et Jean, à dame Marguerite de Lorraine, sa sœur, et à Ferry de Blâmont, fils de celle-ci, de la douzième partie du château de Steinsel[5].

---

1. Voy. layette Fénétrange III, n° 33.

2. Voy. Ravenez, loc. cit., t. V, p. 563.

3. Lettre donnée, en 1411, par Frédéric de Moërs à Philippe I, qui s'était rendu caution pour lui vis-à-vis d'Amé de Commercy. Voy. Kœllner, loc. cit., t. I. p. 181.

4. Traité passé, en 1422, entre Philippe I et Hartmann de Vangen, relativement aux hostilités et au burgfrid de Steinsel. Ibid., p. 190.

5. Voy. Dufourny, loc. cit., t. III, p. 131 (Fonds Blâmont, n° 163).

En terminant cette longue et aride nomenclature, nous laissons à d'autres le soin de découvrir comment fut ruiné ce petit château, dont la solitude n'est jamais troublée par les touristes, qui suivent, sur l'autre rive de la Sarre, la route départementale de Nancy à Landau.

V.

LA GUERRE DE SARREWERDEN.

« Tel était, dit Dom Calmet, le désordre de ce temps-là, où chaque seigneur se donnoit la liberté de faire la guerre à ses voisins et où l'autorité souveraine ne réprimoit pas les entreprises des particuliers[1] ». Il était difficile qu'il en fût autrement à une époque où toutes les questions de guerre ne se vidaient jamais d'une manière définitive, et quand l'expédition commencée sous les auspices les plus favorables, était réduite à néant par la désertion. En effet, ne pouvant disposer de leurs hommes passé un certain délai et certaines limites territoriales, les seigneurs ne pouvaient entreprendre un siége de longue durée ni les empêcher de se débander afin de guerroyer pour leur propre compte ; car chacun s'arrogeait le droit de troubler la paix publique et de commencer les hostilités pourvu qu'elles fussent précédées, trois jours auparavant, par une provocation faite de vive voix ou par une lettre de défi[2].

---

1. Voy. *Histoire de Lorraine*, t. II, p. 825.

2. *Fehde-briefe*. On en rapporte de curieux exemples : le défi du cuisinier du comte de Solms à son propre maître, le jour de la Saint-André 1477, et celui des boulangers du comte palatin du Rhin à plusieurs villes. C'était, suivant la jurisprudence du temps, le droit du poing et de la coutume (*Scharzerey, Faust und Kolben Recht*).

L'empereur Maximilien I s'efforça en vain de mettre un frein légal

Si nous descendons les derniers échelons de la hiérarchie féodale, nous rencontrons des exemples de luttes à main armée, suscitées non-seulement par l'ambition des gentilshommes fieffés contre leurs seigneurs suzerains, mais aussi par l'emportement irréfléchi et les passions aveugles des gens de la campagne. Parmi les faits si nombreux que nous pourrions invoquer à l'appui de notre opinion, nous en rapportons un qui nous permet de faire connaître l'énergie de la sage douairière du Nassau-Sarrebruck et le rôle qu'elle fut appelée à jouer au milieu de ces luttes continuelles, qui caractérisent le régime féodal. A la suite de violences occasionnées, sans doute, par des griefs plus ou moins sérieux, les contestations relatives à certains droits d'usage ou les rivalités qui animaient deux villages voisins, appartenant à des seigneuries différentes, quelques habitants du comté de Sarrewerden avaient pillé les gens de Lare (?) et fait prisonnier Jean Witzenheim, prévôt de Steinsel pour la seigneurie de Fénétrange, qu'ils avaient maltraité. Simon, le scribe de la seigneurie de Fénétrange, en ayant adressé plainte aux comtes de Sarrewerden, en 1438[1], leur bailli répondit en rejetant ces actes aggressifs, non sur ses maîtres, les sieurs de

à ces désordres, en punissant sévèrement les instigateurs de ces guerres de peu d'importance, il est vrai, mais dont on retrouve de si fréquentes traces dans la série des lettres d'investiture, de reprises de fiefs, d'engagements, de rachats, de reversales, les burgfrids et les pactes de toute nature, enfouis dans la poussière des archives. Voy. *Droit public germanique*, Amsterdam, 1749, t. I, p. 86 et suiv.

1. Voy. M. Lepage, *Communes de la Meurthe*, t. I, p. 591.— Layette Fénétrange III, n° 12 (jeudi après la Saint-Valentin). — Le village dont il est ici question est peut être Lohr, près de Munster, relevant en partie de la baronnie de Fénétrange.

Sarrewerden, mais sur le compte des administrateurs de Zelle, Munster ou Moers[1].

Burckard de Fénétrange demanda alors à Jacques, comte de Moers et de Sarrewerden, que ce litige fût soumis à la médiation du duc de Lorraine, de l'évêque de Metz ou de leurs officiers, suivant les règles du droit austrégal[2].

Cette proposition n'ayant pas été acceptée, les sires de Fénétrange arrêtèrent et conduisirent dans les prisons de leur château commun un nommé Simon[3]. Pour se venger, Henri de Fleckstein, bailli de Sarrewerden, envoya une lettre de défi, en 1459, à Jean, sire de Fénétrange et de Falckenstein, à Burckard et Simon, frères, aussi seigneurs de Fénétrange, en leur annonçant qu'il allait armer les cavaliers et la milice de Sarrewerden et de Bouquenom[4].

Les habitants des deux seigneuries en guerre l'une contre l'autre ne furent pas les seuls à souffrir des hostilités qui éclatèrent dans la vallée de la Sarre. C'est ce que constate le titre suivant, dont nous donnons l'analyse :

1. Ibid. (réponse de Jean Huntinden, vendredi avant carnaval).

2. Voy. layette Fénétrange III, n° 14 (non daté). — La mésintelligence semble avoir divisé ces seigneurs lors du partage de la riche succession d'Olry de Fénétrange. Plus tard, en 1391, Jean de Sarrewerden avait promis d'indemniser Jean de Fénétrange, son cousin, qui s'était rendu caution pour lui, en 1427 ; Jean de Sarrewerden et sa femme lui avaient vendu une rente de 15 florins sur le village de Harskirch et le péage de Bockenheim. Enfin, des discussions d'intérêt avaient fait éclater les hostilités.

3. Etait-ce le greffier dont il a été question ? Le prévôt ou schultheiss administrait en commun le village de Niederstinzel, encore partagé au xviiie siècle entre plusieurs seigneuries.

4. Voy. layette Fénétrange III, n° 13 (mercredi jour de la Saint-Jean-Baptiste).

« Lettre en allemand d'Elisabeth de Lorraine, douairière de Nassau-Sarrebruck, et de Jean, son fils, portant qu'elle promet de ne pas tirer vengeance de Simon, seigneur de Fénétrange, de ce qu'il avait pris et emmené prisonniers quelques-uns de ses sujets de Herbitzheim, les ayant par après mis en liberté à sa considération et faveur. Fait l'an 1441[1]. »

En prenant en main la défense de ses pauvres vassaux de l'abbaye de Herbitzheim, dont elle avait la vouerie, la régente donnait à son fils un noble exemple à imiter[2].

Obéissant aux sages conseils de sa mère, Jean II, que quelques historiens appellent le Pacifique, chercha à se maintenir en paix avec ses puissants voisins de l'évêché de Metz et du duché de Lorraine. Il s'efforça de ranimer le commerce par la sécurité des transactions, la suppression des péages et des douanes, le rétablissement de la sûreté des voies publiques et la destruction du brigandage. En 1441, de concert avec l'évêque de Strasbourg, les comtes de Bitche et de Veldentz, puis, plus tard, avec le duc de Lorraine et le comte palatin, il avait poursuivi jusque dans leurs repaires les brigands cantonnés dans les Vosges[3].

Cependant les hostilités continuèrent sur les bords de la Sarre, et le comté de Nassau-Sarrebruck eut de nou—

1. Voy. Trésor des Chartes, fonds Fénétrange, n° 101 (scellé de deux sceaux en cire verte).

2. Herbitzheim, dont il est ici question, a été le sujet d'une remarquable monographie par M. J. Thilloy, insérée dans les Mémoires pour la conservation des monuments historiques d'Alsace, 1864.

3. Kœllner nous apprend qu'il expulsa de l'Oberwasenstein deux fameux bandits, connus sous le nom de Rothan et Hans Gentersberg. En 1447, il parvint à raser entièrement leurs châteaux-forts.

veau à souffrir de la guerre que Jacques et son frère, Jean de Moers, comte de Sarrewerden et seigneur de Lhar, déclara en 1444 à Burckard de Fénétrange et à ses alliés[1] C'était au moment où les bandes des grandes compagnies rançonnaient le pays, et où le duc de Lorraine, attirant dans son parti les belliqueux seigneurs dont nous avons si souvent rappelé les noms, allait s'engager dans une lutte désastreuse contre la cité messine.

Ainsi, de sinistres appréhensions, la juridiction austrégale du vieux droit germanique et les burgfrids des seigneurs coalisés, ne purent mettre une fin à ces guerres intestines, renouvelées périodiquement ; sanglantes péripéties derrière lesquelles s'efface la touchante figure de la princesse dont nous venons d'évoquer le souvenir et de décrire le monument funéraire de Saint-Arnwald.

1. Voy. layette Fénétrange III, n° 15.

NANCY, IMPRIMERIE DE A. LEPAGE, GRANDE-RUE, 14.